NOTICE ARCHÉOLOGIQUE

SUR

LE PRIEURÉ DE GANAGOBIE

(BASSES-ALPES)

ÉGLISE ET CLOÎTRE DU XIIᵉ SIÈCLE

PAR

M. ARNAUD D'AGNEL

CORRESPONDANT DU COMITÉ

(Extrait du *Bulletin archéologique*. — 1910)

PARIS

IMPRIMERIE NATIONALE

MDCCCCXI

NOTICE ARCHÉOLOGIQUE

SUR

LE PRIEURÉ DE GANAGOBIE

(BASSES-ALPES)

ÉGLISE ET CLOÎTRE DU XIIᵉ SIÈCLE

PAR

M. ARNAUD D'AGNEL

CORRESPONDANT DU COMITÉ

(Extrait du *Bulletin archéologique*. — 1910)

PARIS

IMPRIMERIE NATIONALE

MDCCCCXI

NOTICE ARCHÉOLOGIQUE

SUR

LE PRIEURÉ DE GANAGOBIE

(BASSES-ALPES).

ÉGLISE ET CLOÎTRE DU XIIe SIÈCLE.

L'ancien prieuré de Ganagobie[1], jadis dépendance de l'abbaye de Cluny, est placé sur le plateau de ce nom, à une altitude de 660 mètres, entre les communes de Peyruis et des Mées. Ce plateau domine la Durance d'une hauteur de 340 mètres environ; il se développe surtout en longueur, 1650 mètres, sur une largeur maxima de 840 mètres.

C'est un des sites bas-alpins les plus pittoresques. De cette assise, la vue embrasse un immense panorama : au Nord-Est les massifs montagneux d'Allos, de Digne et de Moustiers avec le Pelat, les Trois-Évêchés et le Cousson; au Nord, la vallée de Cruis et de Saint-Étienne-les-Orgues, fermée par la chaîne de Lure; à l'Ouest,

---

[1] En dehors des travaux archéologiques cités plus bas, il est fait mention du prieuré de Ganagobie dans plusieurs ouvrages. Cf. Bouche, *Histoire de Provence* (1668), t. I, p. 239; t. II, p. 57. — Achard, *Dictionnaire de Provence*, t. II, p. 251-252. — P. Louvet, *Abrégé de l'histoire de Provence* (Aix, 1876), t. I, p. 59. — Abbé Féraud, *Géographie historique et biographique des Basses-Alpes*, (Digne, 1849), p. 413; *Histoire géographique et statistique du département des Basses-Alpes* (Digne, 1861), p. 631-635; *Souvenirs religieux des églises de la Haute Provence* (Digne, 1879), p. 105-113. — E. de Laplane, *Histoire de Sisteron*, t. II, p. 406-413. — Cyprien Bernard, *Notice historique sur Ganagobie*, *Annales des Basses-Alpes*, t. XIV, n°s 2 et 3.

Forcalquier, le riant bassin du Largue [1] et le versant Nord du Luberon; au Sud, les vallées fertiles de l'Asse [2] et de la Durance.

C'était là une solitude rêvée pour les moines du moyen âge. En plus de ces avantages esthétiques, ce lieu en offrait d'autres plus importants : l'abondance des eaux [3], et sa position stratégique de premier ordre. On pouvait y vivre et y cultiver la terre. En temps de guerre on pouvait s'y défendre mieux qu'ailleurs. Aussi, comme le prouvent les silex taillés et les tessons de poteries préromaines qu'on y rencontre, ce point a-t-il été choisi pour habitat, aux temps les plus reculés.

Suivant Columbi [4], le prieuré de Ganagobie aurait été fondé en 965. Selon le Livre vert [5] des religieux, ce monastère serait plus ancien, puisqu'une bulle du pape Étienne VIII, datée de l'an 939, le mentionne expressément. Toujours est-il qu'à la fin du xe siècle, le prieuré des bords de la Durance est en pleine prospérité. Vers ce temps, Jean III, évêque de Sisteron, donne aux moines de Cluny la montagne de Ganagobie, dont il est propriétaire. Ce prélat complète sa donation en y faisant construire deux églises, l'une en l'honneur de Notre-Dame, l'autre sous le vocable de son patron saint Jean-Baptiste.

Cette étude ne comporte pas de longs développements historiques, à moins qu'ils ne fournissent des indications d'ordre archéologique. Il suffit de retracer en quelques lignes les phases du célèbre prieuré des Basses-Alpes.

Enrichi par les donations des évêques et des seigneurs locaux [6], Ganagobie prospère jusqu'à la fin du xve siècle. Grâce à sa forte position, ce nid d'aigle échappe à Cervole et à Raymond de Turenne, dont les bandes armées saccagent le pays; mais avec le moyen âge finit son antique splendeur. Dès lors c'est la décadence.

---

[1] Le Largue, affluent de la Durance.

[2] L'Asse, autre affluent de la Durance.

[3] Le monastère a été construit dans le voisinage de deux sources encore existantes.

[4] Cf. Opera varia, p. 116-117 et 564.

[5] Le Livre vert, rédigé au commencement du xvie siècle par le savant évêque Bureau, au moyen des chartes du monastère.

[6] Les principaux donateurs furent Ursus, évêque de Sisteron en 964. Lambert, chef de la famille de Reillanne, et son fils Boniface, aux xe et xie siècles, et surtout le dernier comte de Forcalquier, Guillaume III, qui céda au prieuré, en mai 1204, les seigneuries de Ganagobie, Sigonce, Aris et Vallans.

Le riche monastère est appauvri par la mauvaise gestion et les vols de ses prieurs commendataires. Par surcroît d'infortune, les Calvinistes s'emparent de ses possessions.

Au milieu du xviie siècle, le prieuré reprend vie, mais à la place des douze religieux de jadis et du prieur, on y compte seulement quatre officiers claustraux. Cette renaissance est due à l'intelligente activité du prieur Pierre Gaffarel[1], dont les successeurs imitent le bel exemple.

L'antique monastère est sécularisé le 17 mars 1788. Pie VI[2] et Louis XVI[3] en confirment la sécularisation. En 1791, les bâtiments et les terres de Ganagobie sont vendus, comme biens nationaux, par les administrateurs du district de Forcalquier. Les nouveaux propriétaires, campagnards sans instruction, ne se contentent pas de vendre à vil prix les vases sacrés et les ornements liturgiques: ils brisent les sarcophages[4] dans l'espoir d'y découvrir des objets d'or et d'argent.

Suivant la tradition populaire, l'effondrement partiel de l'église et du cloître daterait de cette époque, mais on n'a pas de fait précis à cet égard.

Après la Révolution, le prieuré passe entre de nombreuses mains pour venir dans celles de M. de Malijai, qui en donne la jouissance aux Bénédictins de Marseille. M. Gibbal en est aujourd'hui le propriétaire.

Malgré les remaniements qu'ils ont subis, ces monuments méritent une étude spéciale. On peut l'affirmer sans exagération, c'est un type intéressant de l'architecture romane dans le Midi de la France.

A part quelques observations dans des ouvrages d'ordre général, il n'y a pas d'autres travaux archéologiques sur Ganagobie qu'une notice de M. Milon[5], un rapport très bref de M. de Caumont et un

---

[1] Cf. un article du professeur Paul Gaffarel sur Jacques Gaffarel, 1601-1685, dans les *Annales des Basses-Alpes*, t. XI, p. 525.

[2] Pie VI, par bref du 4 juillet 1788.

[3] Louis XVI, par lettres patentes du 19 mars 1789.

[4] On en voit de nombreux débris près du monastère.

[5] Cf. *Congrès archéologique de France* (1878-1879), t. XLV, p. 608-623. Les quelques données archéologiques que présente M. Milon lui ont été fournies par M. Palustre, directeur de la Société française d'archéologie, lors de sa visite à Ganagobie, le 24 juin 1878.

article d'Orazio Marucchi. Contrairement à son titre de *Précis historique*, le travail de M. Milon figure dans le compte rendu du Congrès archéologique de France; aussi le mentionnons-nous à côté du rapport de M. de Caumont au Comité des travaux historiques et scientifiques sur un mémoire de M. Veuillot qui n'a jamais été imprimé. Ce mémoire, à le juger par l'analyse qu'en donne le rapporteur, est une description inexacte sur plusieurs points et sans discussion critique[1].

L'article du savant italien, paru dans cette langue[2], a pour objet les mosaïques du monastère bas-alpin. Une planche de reproductions phototypiques l'accompagne.

Notre notice embrasse l'ensemble des monuments. Seule la chapelle et le cloître sont dans un état de conservation permettant un examen sérieux. Sont aussi à étudier des vestiges de constructions carolingiennes.

L'église se compose d'une nef oblongue de 17 m. 75, sans bas côtés. Elle a un transept et une abside flanquée de deux absidioles. Sa voûte est en berceau, comme le sont en Provence la plupart des églises du XIIe siècle, par exemple, pour nous en tenir aux Basses-Alpes, celles de Digne, de Saint-Martin de Brômes et de Seyne. C'est un des nombreux édifices romans à voûte en arc brisé[3]; trois arcs-doubleaux très massifs et sans moulure la soutiennent. Des arcs de décharge divisent chaque paroi latérale en deux travées. Depuis l'année 1802, date de la réouverture de la chapelle, un mur ferme complètement la nef, mais les substructions d'un transept et d'un chœur à trois absides (pl. LII) ont été mises au jour par les Bénédictins de Marseille. Les parements de l'abside principale et des absidioles, visibles sur une hauteur de deux à trois mètres (pl. LIII), laissent apercevoir un détail de construction assez commun dans le Midi[4], c'est le contraste entre le profil intérieur et l'extérieur. La face interne des absides est semi-circulaire et leur face externe polygonale. Les soubassements de quatre énormes piliers révèlent l'existence d'une tour centrale, ou d'une

---

[1] Cf. A. de Caumont, *Bulletin monum.* (1866), D, II, p. 66-68, fig.

[2] Cf. Orazio Marucchi, *Il musaico di Sancta Maria di Ganagobia*, dans *Bullettino di archeologia cristiana*, anno IV, n°s 3 et 4 (1898).

[3] Cf. C. Enlart, *Manuel d'archéologie française* (Paris, 1902), t. I, p. 238-239.

[4] Voir à ce sujet les explications de M. Enlart, *op. cit.*, t. I, p. 224-225, et note 2.

coupole. L'ampleur de leurs dimensions prouve bien qu'il ne saurait être question d'une simple voûte.

Pour être complet, ajoutons que cette église possédait un clocher différent de l'actuel. Le campanile, auquel on accède par un escalier de pierre en encorbellement, n'est pas plus ancien que sa cloche, sur le pourtour de laquelle on lit une inscription dont on a donné la lecture suivante : *Sacrum hoc tempestatum et procellarum Averruncum Petrus Gaffarel, prior et dominus Ganagobiæ, Sigontiæ, Arisii, Valliumque, sancti Petri A vivarius fudi curavit anno et Verbo E ÷ Seneval 1682* [1].

Quant au décor intérieur du monument, il est très sobre, comme dans les églises romanes de la région. Un membre d'architecture, curieux au point de vue décoratif, est la tribune qui occupe l'extrémité occidentale de la nef. De plan rectangulaire, elle repose mi-partie sur un puissant arc de décharge en plein cintre, et mi-partie sur des consoles, ce qui lui donne l'aspect d'un balcon. Le garde-fou en est constitué par une balustrade assez disgracieuse. Sauf la forme moderne des balustres, cette tribune pourrait être attribuée à la période romane, comme le fait d'ailleurs M. Enlart [2], le savant auteur du *Manuel d'archéologie française*; mais le placage des côtés, la taille fraîche des pierres et l'absence de toute patine témoignent d'une œuvre relativement récente. A les regarder attentivement, les figures grotesques des consoles ont l'empâtement des traits et la mimique des masques du xvie siècle. Des consoles identiques existent à Riez [3] dans des maisons de la Renaissance [4].

Une hypothèse vraisemblable est la persistance d'une tribune contemporaine de l'église. Comment expliquer, sans elle, le développement de l'arc de décharge placé sous la rosace, et dont l'antiquité n'est pas douteuse? Un escalier à vis, dont les marches triangulaires sont fortement engagées dans le mur, conduit à la tribune. Dans sa simplicité cet escalier est un chef-d'œuvre de construction; à notre avis il est d'époque romane, mais les degrés supérieurs ont été refaits au xvie siècle. Les traces de cette réfection sont apparentes.

---

[1] Cf. Cyprien Bernard, *op. cit.*, t. XIV, p. 150.

[2] Cf. Enlart, *op. cit.*, t. I, p. 254, 761, 762.

[3] Ce chef-lieu de canton de l'arrondissement de Digne n'est pas éloigné de Ganagobie.

[4] Entre autres, un immeuble appartenant aux frères Chais, ancienne famille noble de la ville.

Les parties de l'église les plus intéressantes sont le portail (pl. LIV) et les mosaïques du transept et du chœur. Aussi seront-elles l'objet d'un examen plus approfondi. Le portail regarde le couchant, car l'église est orientée. L'archivolte se compose de cinq voussures en arc brisé. Trois, ornées de moulures, reposent sur une corniche de marbre; leur point de départ est au niveau du tympan. Six colonnes, dont la description sera donnée plus bas, portent ces voussures, qui en encadrent deux autres d'un dessin très différent. Leur intrados est découpé en lobes convexes, alternativement gros et petits, séparés par des lobes concaves. Ces dentelures bizarres se prolongent jusqu'au soubassement du portail. Quant à l'encadrement de la porte, il présente les mêmes découpures.

Des six colonnes, quatre ont leur fût uni, deux l'ont cannelé. Sur l'un des fûts, les cannelures sont en zigzag, et sur l'autre elles s'infléchissent en une spirale à peine indiquée.

Les colonnes sont tout entières de grès coquillier, de teinte plutôt jaunâtre, mais les plus rapprochées de la porte ont, celle de gauche, son tailloir, et celle de droite, son tailloir et sa base, en marbre gris ou rose.

Les fûts, d'une seule pièce, sont galbés[1], comme dans plusieurs monuments de la vallée du Rhône et de la Provence, l'église de Salagan, entre autres, dans les Basses-Alpes. Les chapiteaux procèdent du type corinthien[2]; de forme élancée, ils ne manquent pas d'élégance. Le décor en est sobre et d'un goût parfait : sur trois d'entre eux, de simples feuilles d'acanthe entourent la corbeille d'une végétation discrète. Sur les autres, ces ornements classiques sont agrémentés de têtes de lion, de grenades entr'ouvertes, ou de quatre-feuilles.

A l'exception d'un seul, les chapiteaux sont fortement engagés; les motifs de sculpture s'y étalent en relief très plat sur leur face épannelée; les bases le sont aussi, même celles de marbre, de sorte qu'on peut dire que chapiteaux et bases ne sont pas, comme d'ordinaire, des pièces rapportées, mais font réellement corps avec la

---

[1] Pour détails sur les fûts galbés à l'époque romane cf. Enlart, *op. cit.*, t. I, p. 21 et 326.

[2] «C'est l'école de Provence, écrit M. Enlart, dans son *Manuel d'archéologie*, qui a réalisé l'imitation la plus parfaite du chapiteau corinthien classique.» Entre autres exemples, l'auteur donne celui de Ganagobie pour les Basses-Alpes. Cf. *op. cit.*, t. I, p. 278 et note 1.

construction. C'est une particularité curieuse, surtout en ce qui concerne les bases de marbre.

Le centre du portail est occupé par un linteau orné d'un bas-relief, et surmonté d'un tympan également sculpté. Sous les huit arcades du linteau sont figurés les douze apôtres. Saint Pierre et saint Paul sont reconnaissables, l'un à ses clefs, l'autre au glaive de son martyre.

Quant au tympan, un double rang de festons aux sinuosités légères entoure le sujet. C'est une des scènes religieuses souvent traitées à l'époque romaine : le Christ juge ou le Christ en majesté. Il trône ici dans une auréole, dont la courbe, arrondie au sommet, s'amincit en bas en une longue pointe rappelant le profil de l'amande. Le Christ est assis sur un trône bas à têtes de lion, sa tête vénérable se détache sur un nimbe cruciforme, sa main droite est levée en signe de bénédiction, la gauche soutient le livre des Écritures.

Suivant la tradition du moyen âge, le maître est entouré par les figures symboliques des quatre évangélistes. En haut, l'aigle de saint Jean, aux ailes éployées, fait vis-à-vis à l'ange de saint Luc; au-dessous, le bœuf de saint Matthieu et le lion de saint Marc, tous deux ailés. A droite et à gauche de ces derniers se tiennent deux anges.

Ce tympan et ce linteau offrent une analogie frappante à première vue avec ceux du portail central de Saint-Trophime [1]. A la cathédrale d'Arles et au prieuré de Ganagobie, c'est dans l'ensemble une disposition identique, mais quelles différences dans les détails! Au fond, les sculpteurs des deux portails se rencontrent uniquement dans le choix des sujets, mais s'écartent par la manière dont ils les traitent. Il n'y a aucune parenté entre leurs œuvres. A Ganagobie l'influence byzantine est mieux caractérisée qu'à Saint-Trophime. Le Christ porte l'ample manteau, relevé sur les bras, la robe aux plis multiples et frangée dans le bas. Détail à relever : les pieds du Christ, au lieu d'être parallèles, comme à Saint-Trophime, s'arc-boutent l'un contre l'autre, comme dans certaines figurations orientales. Enfin, le lion et le taureau contrastent avec ceux de la métropole arlésienne par leurs formes élancées et les contorsions,

---

[1] Sur Saint-Trophime, l'ouvrage le plus complet et le plus critique est celui de M. Labande, archiviste de Son Altesse le Prince de Monaco.

d'ailleurs harmonieuses, de leur attitude. Placés dos à dos, ils se rejettent en arrière, se retournant l'un vers l'autre par un mouvement souple et hardi. Sur le tympan d'Arles ces animaux symboliques sont massifs. Couchés au pied du Christ, dans une pose nonchalante, ils enlacent gauchement le livre des Évangiles avec leurs pattes de devant. Ces animaux manquent de vie si on les compare à ceux si vivants du monastère des Alpes.

Par la finesse de l'exécution, les belles sculptures sur marbre blanc de Saint-Trophime sont bien supérieures à celles de Ganagobie, mais elles ne les valent pas sous le rapport de l'expression et du caractère. En dépit d'une technique grossière et de l'absence presque totale de relief, le tympan du prieuré bénédictin produit une impression nette et vigoureuse que ne donne pas celui d'Arles. Peut-être ce dernier est-il écrasé par le luxe de son archivolte surchargée d'ornements.

Revenons à l'archivolte de Ganagobie, dont l'aspect surprend et choque les gens de goût (pl. LIV), et examinons-la à nouveau.

Dans le paragraphe qu'il a consacré à la décoration des arcades et des voussures, M. Enlart écrit : « Les voussures à intrados festonné ont pris naissance dans le centre de la France et y sont particulièrement usitées; elles se sont répandues très loin vers l'Ouest et en Espagne. Elles sont surtout fréquentes dans les portails »[1], et il cite, entre autres exemples, celui du prieuré de Ganagobie, avec l'alternance de ses lobes convexes et concaves. Une étude minutieuse et répétée du portail nous incline vers une autre hypothèse. Les deux voussures dentelées et l'encadrement de la porte, de même style, ne datent pas, à notre avis, du XIIe siècle, comme l'ensemble de l'édifice, mais ils datent de la Renaissance.

Lors de la réfection du monument au XVIe siècle, on les a plaqués contre les voussures primitives, afin de consolider celles-ci. A cette époque un tassement s'était produit, soit avant soit après la construction de la tribune; on en observe les traces sur la façade même, au-dessus du tympan. Ce placage, fait grossièrement, est visible. Les nouvelles pierres sont si mal jointes avec les anciennes, qu'en divers endroits on en a bouché les interstices avec des plaques schisteuses. Ce mode de remplissage se distingue sur la reproduction photographique (pl. LIV). Les matériaux employés

[1] Enlart, Manuel d'archéologie, t. I, p. 360, 361.

au XVIe siècle sont de toutes formes et de toutes dimensions. Beaucoup, par excès de petitesse ou de grosseur, s'écartent des types entrés dans l'appareil primitif. En un mot, cette mauvaise construction des temps modernes contraste avec la perfection architecturale de l'époque romane, dont les trois voussures primitives du portail de Ganagobie sont un exemple.

Une autre preuve de remaniement maladroit est le linteau avec les pieds d'apôtres coupés par ces horribles dentelures (pl. LIV).

D'ailleurs, en comparant les dessins bizarres du prieuré bas-alpin aux types analogues des portails à intrados plus ou moins découpé, on constate plusieurs différences. Les lobes, les dents de loup[1] et les autres figures sont d'un modèle uniforme sur la même voussure[2].

Quant à l'impression esthétique causée par les portails à intrados découpé, elle est agréable. Ce genre peut plaire plus ou moins, mais en aucun cas, même en Espagne, on ne peut y constater, comme à Ganagobie, une faute de goût. Nous avons sous les yeux les portails des cathédrales espagnoles de Valence et d'Orense; l'ornementation, quoique touffue, n'en est pas étrange et disgracieuse: elle a du style, celle du prieuré bas-alpin n'en a pas. C'est une fantaisie architecturale, rien de plus. Seuls, des architectes de la Renaissance ont pu l'avoir. L'attribuer à des artistes de l'époque romane serait leur faire injure. A Ganagobie surtout, où l'architecture est de lignes si pures et le décor si sobre, une telle supposition paraît invraisemblable.

Les mosaïques de l'antique monastère bas-alpin ont une réelle importance pour l'histoire de l'art au moyen âge, tant par leur étendue que par la variété de leurs compositions. Elles occupent le transept et les trois absides. Recouvertes de décombres depuis l'effondrement du chœur, à la fin du XVIIIe siècle, le souvenir s'en était perdu, quand les Bénédictins de Marseille commencèrent

[1] Comme exemples de décor d'intrados à dents de loup, citons, d'après les *Archives de la Commission des monuments historiques* éditées par les soins de A. de Baudot et A. Perrault-Dabot, dans le département de l'Oise, les églises de Bury, t. I, pl. 5, de Catenay, pl. 6, de Coudun, pl. 9; en Seine-et-Oise, l'église de Bougival, pl. 4; dans le Pas-de-Calais, l'église de Lillers, pl. 14. Toutes ces églises sont des monuments romans du XIIe siècle.

[2] A Ganagobie, les voussures primitives à simples moulures sont sévères de lignes. C'est précisément le contraste entre cette simplicité et les dentelures qui surprend à première vue.

leurs travaux de restauration. Le déblaiement du chœur, entrepris sous l'habile direction du P. Gibbal, en 1893, se termina cinq ans après, au mois d'avril 1898, sous les auspices du P. Santin[1].

Ainsi furent mises au jour de curieuses mosaïques[2] à trois couleurs, faites de fragments de brique rouge, de marbre blanc et d'une pierre noire recueillie sur place. D'une exécution grossière, elles produisent cependant un effet d'ensemble des plus heureux. Point capital! une inscription sur une seule ligne, disposée en bandeau autour de l'abside centrale, précise l'origine et la date de cette œuvre, lui donnant la valeur d'un document archéologique de premier ordre (pl. LV) :

> Me, prior, et fieri, Bertranne, jubes et haberi
> Et Petrus urgebat Trutberti meque regebat.

D'après ce distique, Pierre Trubert dirige l'exécution de ce pavement commandé par le prieur Bertrand. Suivant la liste des prieurs de Ganagobie donnée par Laplane, Bertrand est à la tête du monastère de 1122 à 1124. Pierre le Vénérable gouverne alors l'abbaye de Cluny, dont le prieuré bas-alpin est une dépendance. La mosaïque de l'abside centrale figure une série d'animaux (pl. LV). En allant de droite à gauche : un éléphant portant sur son dos un édifice percé de deux fenêtres et accosté d'une tour carrée, puis trois monstres imaginaires, deux poissons superposés, un centaure bandant son arc contre une bête fantastique[3]. Ce dernier animal et le premier sont inscrits chacun à l'intérieur d'une circonférence.

Dans l'absidiole à gauche, celle du côté de l'évangile, le pavement (pl. LVI) représente un cavalier au long bouclier ovale, pourchassant de sa lance deux animaux irréels; l'un, droit sur les pattes de derrière, s'enfuit; l'autre, sorte de dragon ailé, se retourne. Sous

---

[1] Dom Gauthey, alors abbé de Sainte-Marie-Madeleine de Marseille, prit un grand intérêt à ces travaux. Il fit photographier les mosaïques lors de leur découverte.

[2] Cf. Enlart, op. cit., t. I, p. 709, 714, fig. 351 à la page 708. Le savant auteur du *Manuel d'archéologie française* consacre une douzaine de lignes à la description des mosaïques de Ganagobie. Suivant un renseignement inexact, il les dit habilement exécutés en marbre noir, blanc et pourpre.

[3] Dans cette figure et dans la précédente se reconnaissent, comme l'observe justement M. Enlart, deux des signes du Zodiaque : le sagittaire et les poissons.

son ventre court un renard reconnaissable à son museau pointu et à sa longue queue.

L'autre absidiole a son centre occupé par un monstre à pieds de taureau, accosté de cercles où sont figurés, à gauche, une bête à tête de femme et à queue de coq, et à droite, un cerf blessé, emportant dans sa course une flèche fixée à son encolure. Les vides laissés entre ces sujets principaux sont remplis par des poissons et des animaux prêts à s'entre-dévorer.

La décoration du transept est très riche (pl. LVII et LVIII); encore une partie reste-t-elle à découvrir! Trois mosaïques se déroulent devant les absides. Sur celle du milieu, ce sont des groupes de lions et de monstres (pl. LVII).

Sur celle de droite (pl. LVIII), ce sont d'élégantes palmettes, aux feuillages enroulés, inscrites entre les branches d'une grande croix de Saint-André aux stries parallèles, le tout dans un encadrement géométrique; c'est encore un cavalier dont la lance s'enfonce dans la gueule béante d'un dragon.

Quand les Bénédictins de Marseille renoncèrent à leurs travaux, la mosaïque du côté gauche n'avait pas été mise au jour.

L'influence de l'art oriental est évidente dans les mosaïques de Ganagobie. C'est là le décor des coffrets de Byzance.

En tout cas, le pavement de Ganagobie doit être cité comme un des plus beaux spécimens de cet art dont Cluny fut le foyer lumineux, et qui rayonna par la vallée du Rhône jusque dans la haute Provence.

Par une porte aujourd'hui bouchée, on passait directement de l'église dans la galerie du cloître adossée à la nef. Durant leur séjour à Ganagobie, les Bénédictins de Marseille ont restauré le cloître. La planche LIX le montre dans l'état actuel. On en a respecté, bien entendu, le plan primitif. C'est un carré parfait, formé par quatre galeries contiguës s'ouvrant sur un préau. Ce plan est assez rare en Provence, où la plupart des monuments semblables affectent la forme d'un rectangle ou d'un quadrilatère irrégulier: ceux des abbayes de Senanque, du Thoronet et de Montmajour, des cathédrales d'Arles et de Vaison.

Par son ordonnance générale, le cloître de Ganagobie reproduit celui de Saint-Sauveur d'Aix, édifié à la fin du xie siècle. Les galeries prennent jour sur le préau central par huit grandes arcades surbaissées. Chacune d'elles renferme quatre arceaux en plein cintre qui reposent sur des colonnettes jumelles. Au centre de chaque arcade la juxtaposition des deux groupes de colonnettes forme un énorme pilier. A chaque angle du préau, les arcs de décharge des travées se rejoignent à la partie supérieure d'un massif de maçonnerie à pans coupés, dont l'arête est sur le prolongement de la ligne d'intersection des deux arcs.

Les gracieux supports des arceaux sont posés sur un mur bas ou bahut; aussi leur base est-elle à o m. 60 environ au-dessus du sol des galeries. Ce mode de construction a l'avantage d'accroître la solidité de l'édifice. A Ganagobie tout est fait dans ce dessein. Les murs très épais, les galeries étroites sont recouverts par des voûtes en demi-berceau, dont les claveaux sont bien appareillés avec le plus grand soin. Ces voûtes sont renforcées aux quatre angles du cloître par des arcs diagonaux puissants, mais il n'y a pas trace de doubleaux.

Tout autour du monument règne une corniche en pierre de taille, saillante sur les deux parements. A simples moulures, elle ne rappelle en rien les riches entablements de certains cloîtres de la même époque. Cette assise touche presque le sommet des arcades. Ces dispositions indiquent bien qu'il s'agit d'une bâtisse destinée à recevoir au moins un étage. D'ailleurs des pans de mur surplombent par endroits la corniche et un amoncellement de décombres recouvre la toiture.

Ce premier étage devait contenir les cellules des moines. Il est certainement très postérieur au cloître proprement dit. A-t-il succédé à quelque chose? C'est probable; sinon les architectes romans n'auraient pas donné à leur construction une solidité pareille et des formes si ramassées sur elles-mêmes.

A notre avis, nous sommes en présence d'un cloître primitivement à deux étages, tel qu'en ont construit les artistes du xiie siècle.

La décoration des galeries claustrales est des plus simples. Elle contraste avec le luxe de sculptures du cloître de Saint-Trophime par exemple. Simplicité d'autant plus surprenante dans un prieuré dépendant de l'abbaye de Cluny. Le style clunisien est généralement moins austère qu'il ne l'est ici.

Les chapiteaux des colonnettes sont d'une ornementation sobre et peu variée, cinq ou six types au plus. Sauf les chapiteaux accouplés d'un pilier d'angle avec têtes humaines, que nous décrirons plus loin, tous sont à décor végétal. Sur leurs corbeilles corinthiennes sont appliqués tantôt un simple rang de feuilles plates et larges, en forme de spatules, tantôt des feuilles d'acanthe grêles ou des feuilles de plantes aquatiques, d'autres fois des crosses végétales.

Une particularité curieuse est le tailloir ajouré de certains piliers. Cet abaque original a l'allure d'un entablement en briques espacées par intervalles. Son effet est heureux, il allège la lourdeur de l'ensemble. Selon un procédé courant aux xie et xiie siècles, les bases des supports ont leur tore inférieur relié au socle carré par des griffes. Ces motifs de sculptures consistent, à Ganagobie, en des feuilles triangulaires qui prennent naissance dans la base et viennent s'étaler sur le socle. « Les griffes de la seconde moitié du xiie siècle, écrit M. Enlart[1], sont, en général, d'un dessin et d'un mouvement excellents : elles adhèrent à la base, s'appuient et s'arc-boutent sur le socle avec une magnifique expression d'énergie; leur pointe relevée s'enroule sur elle-même. » Au prieuré bénédictin des Alpes, les griffes sont bien de la seconde moitié du xiie siècle, mais elles n'en ont pas les caractères; ce sont des feuilles larges et courtes.

L'unique chapiteau à sujet animé couronne, comme on l'a déjà dit, un des piliers d'angle. Deux têtes à visage oval, au nez arqué, aux lèvres sensuelles et aux traits grimaçants, sont réunies par des rinceaux de feuillages fleuris qui sortent de leur large bouche grotesquement distendue. Dans ces physionomies aux grands yeux méchants, on reconnaît tout de suite ces masques diaboliques dont l'imagination chrétienne était alors hantée.

Passons à l'intérieur des galeries pour en étudier le décor. Seul un des angles mérite d'être signalé avec son espèce de cariatide et ses quatre consoles. Dans une niche coupée à angle droit un saint se détache en relief assez plat sur le fût d'une colonne massive que surmonte un chapiteau corinthien avec ses belles feuilles d'acanthe. Ce personnage, vêtu d'une robe et d'un manteau à tout petits plis, se présente de face; les deux pieds apparents reposent sur la base de la colonne, mais espacés l'un de l'autre.

Les quatre consoles, placées aux points d'amortissement des arcs diagonaux, sont au contraire habilement traitées; c'est dans la statuaire seule que les artistes de Ganagobie sont inférieurs. Deux consoles sont à décor floral; l'une est ornée de feuilles

[1] Cf. Enlart, op. cit., t. I, p. 390.

d'acanthe, l'autre de rinceaux; la troisième reproduit une tête de loup, pleine de réalisme, avec sa gueule entr'ouverte et ses dents prêtes à mordre; la dernière représente une tête de taureau. C'est la copie fidèle de la tête de cet animal telle que l'ont rendue les artistes gallo-romains sur de nombreux monuments tauroboliques.

Le cloître de Ganagobie par la sobriété de son décor rappelle celui de l'abbaye du Thoronet, mais dans une note moins archaïque.

Au Nord-Est du cloître, presque à l'angle d'une des galeries, se voient les restes de constructions bien antérieures au xiie siècle. Au premier plan, une arcade en plein cintre portée sur deux piliers en maçonnerie, dont les imposes n'existent que sous la retombée de l'arc. Ces imposes sont décorées chacune de trois petits motifs qu'on pourrait attribuer à des ornemanistes du ixe ou du xe siècle. Derrière cette arcade se trouve une baie géminée dont les arceaux s'appuient sur une colonnette centrale au chapiteau primitif. C'est la corbeille corinthienne extrêmement simplifiée; l'astragale est cannelé en spirale. Cette baie géminée est-elle le dernier vestige d'un cloître primitif, contemporain de la fondation du prieuré bénédictin? Rien n'autorise à le supposer avec certitude. Nous ne dirons rien des autres bâtiments ou plutôt de leurs ruines. Dans l'état actuel il ne pourrait en être dressé qu'un plan fantaisiste.

Cette notice, nous osons l'espérer, contribuera à faire connaître un monument intéressant de l'architecture romane dans la Haute Provence [1].

[1] L'auteur remercie M. Eugène Lefebvre, archéologue, d'avoir bien voulu l'accompagner dans une de ses visites à Ganagobie et lui communiquer sur place des observations très judicieuses.

ÉGLISE DE GANAGOBIE (BASSES-ALPES).
MOSAÏQUE DE L'ABSIDE.

ÉGLISE DE GANAGOBIE (BASSES-ALPES).
MOSAÏQUE DE L'ABSIDE À GAUCHE.

ÉGLISE DE GANAGOBIE (BASSES-ALPES).

ÉGLISE DE GANAGOBIE (BASSES-ALPES).
MOSAÏQUE DU TRANSEPT.

ÉGLISE DE GANAGOBIE (BASSES-ALPES).
CLOÎTRE.

www.ingramcontent.com/pod-product-compliance
Lightning Source LLC
Chambersburg PA
CBHW070525050426
42451CB00013B/2850